Dieses Buch gehört

....

Inhalt

Zauberhafte Verkleidung .... Seite 4

Das perfekte Bild .... Seite 12

Die kleine Tanzfee .... Seite 22

Das weiße Einhorn .... Seite 32

Sammys Rettung .... Seite 40

igloobooks

Deutsche Ausgabe 2016
Igloo Books Ltd
Cottage Farm
Sywell
NN6 0BJ

Copyright © 2013 Igloo Books Ltd

Alle Rechte vorbehalten. Die vollständige oder auszugsweise Speicherung, Vervielfältigung oder Übertragung dieses Werkes, ob elektronisch, mechanisch, durch Fotokopie oder Aufzeichnung, ist ohne vorherige Genehmigung des Rechteinhabers urheberrechtlich untersagt.

Realisation der deutschen Ausgabe: lesezeichen Verlagsdienste, Köln
Redaktion: Kirsten E. Lehmann, Köln

LEO002 0616
8 10 12 11 9
ISBN: 978-1-78197-446-9

Gedruckt und hergestellt in China
Illustrationen: Sophie Hanton
Text: Elizabeth Dale

5-Minuten-Geschichten
für Mädchen

igloobooks

Zauberhafte Verkleidung

Kati freute sich sehr, als ihre Mutter ihr einen Zauberstab schenkte. Sie verkleidete sich doch so gern. „Danke schön!", rief sie und schwang den Zauberstab durch die Luft. „Glaubst du, er kann richtig zaubern?"

„Es gibt nur einen Weg, das herauszufinden", antwortete Katis Mutter. „Wünsch dir was!"
Also schwang Kati den Zauberstab.

„Ich wünsche mir, dass Josi heute zum Spielen vorbeikommt", sprach Kati feierlich. Da klingelte es auch schon an der Tür. Es war Josi!
„Wollen wir zusammen spielen?", fragte sie.

Kati war begeistert. „Ja, klar!", antwortete sie. „Komm rein und schau, was ich habe." Sie zeigte der Freundin den Zauberstab. „Mama hat ihn mir geschenkt."
„Oh, großartig!", rief Josi.
„Er kann richtig zaubern!", flüsterte Kati und grinste verschwörerisch.

Die beiden Freundinnen huschten in Katis Zimmer. „Hast du Sachen zum Verkleiden?", fragte Josi. „Ich wäre so gern eine Feenprinzessin."

„Nein", antwortete Kati, aber dann hatte sie eine Idee. „Ich wäre gern eine Feenprinzessin", sagte sie und schwang den Zauberstab.

Da öffnete Katis Mutter die Tür. „Seht mal, was ich gefunden habe", sagte sie und zeigte den Mädchen zwei Rüschenkleider mit angenähten Flügeln.

Josi und Kati tanzten durchs Zimmer. Sie fühlten sich wie richtige Feen. Katis Kätzchen Fleck lief dabei ständig zwischen ihren Beinen umher.

„Ich bin eine furchtlose Fee", rief Josi. „Ich bin bereit, gegen die frechen Kobolde im Feenland zu kämpfen!"
„Ich wünsche mir Kobolde herbei, damit Josi mit ihnen kämpfen kann", befahl Kati ihrem Zauberstab.

Kati und Josi warteten und warteten – aber weit und breit erschienen keine Kobolde. „Der Zauberstab funktioniert nicht mehr", beschwerte sich Kati.

Kati versuchte es mit einem anderen Wunsch: „Ich wünsche mir, dass Fleck verschwindet", sagte sie und erhob den Zauberstab.

Kati und Josi sahen überall nach, auch im Spielzimmer. Fleck war in der Tat nirgends zu sehen. „Auweia, Kati!", stöhnte Josi. „Bringt dein Zauberstab Fleck auch wieder zurück?"

Kati nahm den Zauberstab und sprach: „Ich wünsche mir, dass Fleck wieder da ist." Die Mädchen warteten und schauten – aber weit und breit war kein Fleck zu sehen.

„Oh nein!", jammerte Josi. „Was, wenn Fleck nie wieder zurückkommt?"
„Das ist ja eine Katastrophe!", heulte Kati. „Fleck, komm her, komm sofort her!"
„Fleck!", rief Josi, aber Fleck blieb verschwunden.

Plötzlich hörten die beiden Schritte auf der Treppe. Josi klammerte sich an Kati. „Das sind bestimmt die Kobolde", flüsterte sie. „Du hast es gewünscht und jetzt sind sie da. Nun habe ich aber wirklich Angst. Guck, der Türknauf dreht sich!"
„Oh nein", kreischten beide, als die Zimmertür sich langsam öffnete.

Aber es war nur Katis Mutter. „Warum schreit ihr denn so?", wollte sie wissen. „Was ist los?"

„Ich habe Fleck mit meinem Zauberstab verschwinden lassen, aber ich schaffe es nicht, ihn wieder zurückzuholen", gestand Kati. „Was kann ich bloß tun?"

„Er ist sicher hier irgendwo in der Nähe", beruhigte Katis Mutter sie. „Warum versuchst du es nicht einfach noch einmal?"

Kati fuchtelte nervös mit dem Zauberstab. „Bitte komm zurück, Fleck!", wünschte sie sich. Da hörte sie ein leises MIAU aus der Verkleidungskiste. Es war Fleck.

„Oh, mein lieber, lieber Fleck", sagte Kati und knuddelte ihn. „Ich bin so froh, dass du wieder da bist!" – „War er etwa die ganze Zeit da drin?", fragte Josi. „Oder hat der Zauberstab ihn verschwinden lassen?" – „Ich weiß nicht", gab Kati zu. „Aber demnächst wünsche ich mir nur noch Sachen, die ich wirklich will."

Das perfekte Bild

Susi malte leidenschaftlich gern. Sie hatte schon alles um sie herum gemalt. Als sie von einem Malwettbewerb im Dorf hörte, war sie sogleich Feuer und Flamme.

„Jeder soll ein Bild von etwas malen, das er sehr gern hat", erklärte Susis Mutter. „Warum malst du nicht die Jule?"

Susi lächelte. Die Idee war brillant, denn Susi liebte die kleine Jule am allermeisten. „Jule, wo bist du?", rief sie ihren Hund.

Jule buddelte ein Loch im Garten. Sie sah furchtbar aus: voller Lehm und Gras. „So kannst du sie unmöglich malen", sagte Susis Mutter. „Bade sie erst einmal." Jule zu baden, war aber gar nicht so einfach, denn sie spritzte immer alles nass.

Als Jule wieder trocken war, fing Susi an, sie zu malen, aber Jule lief immer wieder weg. Darum gab Susis Mutter Jule einen leckeren Knochen. So ging es viel besser!

Susi gab sich große Mühe und bald war das Bild fast fertig. Als sie nur noch Jules Halsband malen musste, sprang der Hund auf, um zu sehen, was Susi da machte. Dabei stieß sie an Susis Arm und verwischte so die rote Farbe.

Nun verlief auf dem Bild ein dicker roter Strich über das ganze Hundegesicht. Susis Bild war ruiniert. „Oh, Jule!", weinte sie.
„Ist doch nicht so schlimm", tröstete ihre Mutter sie. „Du hast noch genug Zeit, um ein neues Bild zu malen."

Im Nullkommanichts war das neue Bild fertig. Susi ließ es draußen an der frischen Luft trocknen und ging zurück ins Haus, um etwas zu trinken und Kekse zu essen.

Jule folgte Susi, aber an ihren Pfoten klebte Farbe. „Oh nein!", rief Susi und lief in den Garten. Sie traute ihren Augen nicht: Jule war direkt über das noch feuchte Bild gelaufen. Jetzt war es voller bunter Pfotenabdrücke!

„Ach je!", stöhnte Susis Mutter. „Du böser, böser Hund!"
„WUFF!", antwortete Jule und schaute die beiden mit großen Hundeaugen an.

„Und nun? Was jetzt?", jammerte Susi. „Mein Bild ist im Eimer. So kann ich es unmöglich beim Malwettbewerb einreichen."
„I wo", tröstete ihre Mutter sie. „Es ist immer noch entzückend."

Susi fand es ganz und gar nicht entzückend, aber sie wollte unbedingt etwas beim Wettbewerb einreichen – und der begann in fünf Minuten. Also blieb ihr gar keine andere Wahl.

Als Susi beim Wettbewerb eintraf, hatte sie Sorge, überhaupt zugelassen zu werden. „Dieses Bild ist für den Malwettbewerb der unter Neunjährigen", sagte Susi der Dame. „Aber ich habe es nicht allein gemacht."

„Hat deine Mutter dir geholfen?", fragte die Dame.
„Nein, mein Hund", antwortete Susi.
„Oh", sagte die Dame und lächelte. „Ist dein Hund denn jünger als 9 Jahre?"

„Ja", antwortete Susi.
„Dann dürft ihr teilnehmen", sagt die Dame.

Susi war erleichtert. Dann sah sie all die anderen Bilder. Sie waren echt toll.
„Da werde ich nie und nimmer gewinnen", sagte Susi traurig zu ihrer Mutter.
„Na ja, aber du hattest Spaß beim Malen, oder?", erwiderte ihre Mutter und
nahm Susi in den Arm. Ja, das hatte sie, aber am meisten Spaß hatte Jule!

Susi schaute sich mit Freude die anderen Bilder des Wettbewerbs an. Dann wurden endlich die Ergebnisse bekannt gegeben. Susi klatschte, als der Gewinner ein Malset bekam und der auf dem zweiten Platz eine Schachtel mit Stiften.

„Der dritte Preis geht an Susi Prinz für das Bild ihres Hundes Jule, bei dem Jule selbst mitgeholfen hat", verkündete der Sprecher der Jury.

Susi traute ihren Ohren nicht. Sie und Jule hatten einen Preis gewonnen! Jule wedelte fröhlich mit dem Schwanz, als Susi mit ihr nach vorne ging, um den Preis in Empfang zu nehmen. Alle klatschten und jubelten.
„Sehr gut gemacht!", sagte der Mann und schenkte Susi einen Skizzenblock. „Jetzt kannst du noch viele, viele Bilder von Jule malen."

Susi lächelte. Jule wedelte noch etwas wilder mit dem Schwanz. Auch sie fand, dass das eine sehr gute Idee war!

Die kleine Tanzfee

Luisa war am liebsten bei ihrer Oma. Dort gab es viele Kuscheltiere, köstliche Leckereien und spannende Gutenachtgeschichten. Nur einen Nachteil gab es bei Oma: Luisa hatte dort keine gleichaltrigen Spielkameraden.

Jeden Tag beobachtete Luisa die Mädchen nebenan beim Tanzen und Spielen. Wie gern wollte sie dabei sein und mit ihnen Spaß haben.

Leider war Luisa sehr schüchtern und auch ein wenig tollpatschig. Sie hatte schon mehrmals versucht zu tanzen, aber das war immer gründlich danebengegangen. Wie sollte sie bei den Nachbarskindern mitmachen, ohne sich zu blamieren?

Luisa war sehr unglücklich! Sie stand vor dem Spiegel und fing an zu weinen.

„Was ist los?", fragte Oma. Sie drückte Luisa und gab ihr einen Kuss.
„Ach, Oma!", schniefte Luisa und erzählte von ihrem großen Wunsch zu tanzen.

Oma streichelte ihr über den Kopf. „Worauf es einzig und allein ankommt, ist deine Persönlichkeit", sagte sie. „Und die ist absolut liebenswert! Nur darum geht es."

„Aber ich bin immer noch so tollpatschig", sagte Luisa traurig.

„Ich weiß, was dich aufmuntern kann", sagte Oma. „Mach doch einen Spaziergang im Obstgarten. Die Bäume sind so zauberhauft, und wer weiß: Vielleicht fliegen Feen über die Obstwiese."
Luisa sah ihre Oma verwundert an. Glaubte sie wirklich, dass es im Obstgarten Feen gab? „Na gut", sagte Luisa. „Das ist immer noch besser, als nur hier herumzusitzen."

Der Obstgarten war wirklich wunderschön. Die Bäume waren voller zartrosa und weißer Blüten und tatsächlich wurde Luisa hier von Minute zu Minute fröhlicher. Sie setzte sich unter einen Baum und schloss die Augen.

Plötzlich war die Luft erfüllt von zartem Glöckchenklang. Luisa sah auf und traute ihren Augen nicht: Eine entzückende Fee tanzte auf sie zu.
„Komm, mach mit!", lud sie Luisa ein.

Luisa lachte. „Also gibt es tatsächlich Feen?!", rief sie.
„Natürlich", antwortete die Fee freundlich und reichte Luisa die Hand.
„Ich möchte mit dir tanzen."
Luisa stand auf. „Aber ich kann gar nicht tanzen", sagte sie und
war auf einmal ziemlich nervös und unsicher.

Doch ehe sie sich versah, wirbelte Luisa herum und vollführte die anmutigsten Tanzschritte. Unglaublich: Sie fühlte sich leicht wie Luft und kein bisschen tapsig.

Luisa und die Fee tanzten durch den Obstgarten. Luisa hob die Arme und streckte die Fußspitzen aus. „Du kannst doch tanzen", lobte die Fee. „Du kannst überhaupt alles, wenn du nur an dich glaubst."

Dann verabschiedete sich die Fee. „Auf Wiedersehen und vielen Dank", sagte Luisa, während sie allein weiter durch den Obstgarten tänzelte.

Oma erwartete Luisa schon. „Hattest du eine nette Begegnung im Obstgarten?", fragte sie und zwinkerte. Luisa lachte und umarmte ihre Oma. Ganz klar: Sie wusste von der Fee im Garten. Darum hatte sie Luisa nach draußen geschickt.

Plötzlich hörten die beiden von nebenan Musik und Gelächter. „Warum gehst du nicht hinüber zum Spielen?", fragte die Oma.

Luisa zögerte. Sie war immer noch schüchtern, aber dann erinnerte sie sich an die Worte der Fee. „Jawohl, ich kann tanzen!", sagte sie zu sich selbst.

Luisa lächelte und rannte nach nebenan. Die Kinder tanzten und lachten. „Komm, mach mit!", riefen Emma und Luzy. „Wir denken uns Tänze aus. Kennst du ein paar gute Tanzschritte?"

„Darin bin ich nicht besonders gut", sagte Luisa, aber dann drehte sie sich und tanzte einfach drauflos. „Du kannst ja großartig tanzen", staunten die Nachbarsmädchen. Luisa war überglücklich. Zusammen erfanden sie einige wunderbare Tänze.

Luisa tanzte nun jeden Morgen mit der Fee im Obstgarten und später mit ihren neuen Freundinnen. Sie hatten jede Menge Spaß zusammen. Als Luisa wieder nach Hause fahren musste, verabschiedete sie sich von Emma und Luzy und natürlich auch von Oma. „Komm bald wieder", sagte Oma.
„Komm bald wieder", rief jemand aus dem Obstgarten.
„Das werde ich", versprach Luisa. „Ich kann es gar nicht abwarten. Danke, kleine Tanzfee!"

Das weiße Einhorn

Sarah betrachtete sehnsüchtig die Pferdeposter in ihrem Zimmer. Mehr als alles auf der Welt wünschte sie sich ein eigenes Pony, aber leider hatte ihre Mutter nicht genug Geld dafür. Darum würde ihr Wunsch wohl niemals in Erfüllung gehen. „Ach, könnte ich doch nur ein Pony haben!", dachte Sarah betrübt.

Plötzlich hörte Sarah draußen ein ungewöhnliches Geräusch. Sie schaute aus dem Fenster und sah unter dem Apfelbaum ein prächtiges, glitzerndes Einhorn stehen.

Sarah lief hinunter, um sich das Einhorn genauer anzusehen. Sie streckte die Hand aus und es schnupperte daran. Sarah streichelte es; sein Fell war unglaublich weich und seidig. „Wie du wohl heißt?", fragte sich Sarah. „Du bist ein wahrer Traum. Das ist es: Ich werde dich Utopia nennen."

Sarah kletterte auf Utopias Rücken. Das Einhorn schritt anmutig aus, erst fiel es in Trab, dann in Galopp, bis es schließlich vom Boden abhob!

Im Handumdrehen waren sie über den Wolken und flogen ins Wunderland.

„Wow!", rief Sarah, sah nach unten und schnappte nach Luft. „Wir sind im Feenland!"

Dort gab es Blumenwiesen, kristallklare Flüsse, rauschende Wasserfälle und fantastische Springbrunnen mit Musik. Utopia flog nun niedriger und landete sanft neben einem entzückenden rosa Schloss mit lauter Zinnen und Türmchen.

Als Sarah von Utopia abstieg, kamen einige Feen herbeigeflogen, um die beiden zu begrüßen.

„Willkommen im Feenland", sagte eine der Feen. „Ich heiße Kristallflügel. Du kommst gerade rechtzeitig zu unserer Party. Du magst doch Partys, oder?"
„Aber ja!", antwortete Sarah lachend.
„Dann zaubere ich dir als erstes ein Partykleid", sagte Kristallflügel. Sie schwang ihren Zauberstab und augenblicklich trug Sarah ein wunderschönes Partykleid.

Die Party begann, denn alle Feen waren schon da. Es gab Limonadenspringbrunnen, raffinierte Sandwiches, köstliche Plätzchen und verschiedene bildschöne Feenkuchen. Das war ein echtes Feenfest und Sarah genoss jeden Augenblick.

Auf der Wiese standen eine Hüpfburg, Schaukeln und eine Rutsche. Sarah naschte vom Partybuffet. Kristallflügel ließ sie sogar ihren Zauberstab ausprobieren.

Als die Party zu Ende war, machte Sarah sich auf den Heimweg. Sie dankte allen Feen für ihre Gastfreundschaft und stieg wieder auf den Rücken des Einhorns. Im Nullkommanichts stiegen sie wieder in die Lüfte, an weißen, flauschigen Wolken vorbei, dann sanken sie tiefer und flogen über Felder, Dörfer, Wälder und Flüsse.

Schließlich landeten sie wieder in Sarahs Garten.

Sarah streichelte über Utopias weiche Nüstern. Das Einhorn wieherte leise und schnaubte in ihre Hand. „Es war großartig mit dir", bedankte sich Sarah. „Bitte komm wieder." Utopia warf ihren Kopf auf und ab, als wollte sie „ja" sagen.

Tatsächlich kam Utopia noch oft wieder, um Sarah zu besuchen. Und beide waren sehr glücklich. Sarah hatte jetzt nicht nur ein eigenes Pony – nein, das hier war noch viel besser. Und der Ausflug ins Feenland war erst der Anfang ihrer Abenteuer!

Sammys Rettung

Johanna und Lilly waren aufgeregt. Sie machten Urlaub am Meer und konnten es nicht erwarten, an den Strand zu gehen. „Ich kriege dich!", rief Johanna, als sie zum Wasser lief. Johanna sprang liebend gern in die Wellen, während Lilly ein bisschen ängstlich war. Sie baute lieber Sandburgen.

Als Johanna aus dem Meer kam, lief sie zu Lilly. „Los, komm", sagte sie. „Lass uns am Strand entlanglaufen und sehen, was es alles gibt."

Die beiden Freundinnen lachten über ihre Fußabdrücke im Sand, sammelten ungewöhnlich geformte Steine und schöne Muscheln. Auf einmal blieb Lilly stehen und zeigte auf etwas. „Da ist eine Höhle!", sagte sie. „Was da wohl drin sein mag?" „Lass uns das herausfinden", entgegnete Johanna und näherte sich dem dunklen Eingang. Da hörten sie einen merkwürdigen Schrei, der aus der Höhle drang.

„Vielleicht lebt dort eine Meerjungfrau", rief Johanna aufgeregt und rannte geradewegs in die dunkle Höhle, sodass Lilly sie nicht mehr sehen konnte.

„Sei vorsichtig!", rief Lilly ihr noch hinterher. Die Höhle sah ziemlich unheimlich aus. „Komm lieber wieder raus, Johanna!", rief Lilly, bekam aber keine Antwort. Sie machte sich Sorgen. Was war passiert?
„Johanna?!", rief sie noch einmal, aber auch diesmal bekam sie keine Antwort.

Obwohl ihr unheimlich zumute war, schlich Lilly auf Zehenspitzen in die Höhle. Da hörte sie einen weiteren Schrei. Diesmal war es Johanna. „Hilfe!", schrie sie.

Lilly überwand ihre Angst und lief weiter in die Höhle hinein. Als ihre Augen sich an die Dunkelheit gewöhnt hatten, entdeckte sie Johanna. Sie kniete neben einem Felsen. „Irgendetwas ist hinter diesem Felsen eingeklemmt", flüsterte Johanna.

Lilly fasste mit an und zusammen versuchten sie, den Felsen zur Seite zu schieben, aber der schwere Brocken bewegte sich nicht. Dahinter ertönte ein schwacher Jammerlaut.

Mit aller Kraft drückten Johanna und Lilly noch einmal. Dann bemerkte Lilly ein Geräusch hinter ihnen. Sie drehte sich besorgt um. „Ich glaube, die Flut kommt", sagte sie. „Was, wenn wir in der Höhle eingeschlossen werden?"

„Los, beeil dich!", antwortete Johanna. „Schieb!" Die Freundinnen drückten noch einmal, so fest sie nur konnten, und endlich bewegte sich der Fels. Dahinter saß ein Heuler mit traurigen Augen.

„Ach, ist der niedlich!", freute sich Johanna und streichelte den kleinen Seehund zärtlich. „Wir wollen ihn Sammy nennen."

Der Seehund blickte die Mädchen mit großen, dunklen Augen an. Dann robbte er auf sie zu. „Du bist gerettet, Sammy!", rief Johanna.

„Noch nicht ganz", rief Lilly. „Schau!"
Die Flut schob bereits die ersten Wellen in die Höhle. Wenn sie sich nicht beeilten, würden sie darin gefangen sein.

Johanna und Lilly griffen den Heuler geschwind und trugen ihn behutsam aus der Höhle, als das Wasser schon ihre Füße umspülte. Langsam ließen sie Sammy ins Meer gleiten.

Lilly und Johanna hielten den Atem an, als der kleine Seehund unbeholfen auf den Wellen schaukelte. Doch als er einen größeren Seehund vor sich sah, fing er an zu schwimmen. „Das ist sicher Sammys Mutter", rief Johanna, denn das größere Tier stupste den Kleinen zärtlich mit der Nase an.
„Sie ist froh, ihn wieder bei sich zu haben."

Plötzlich wurde Lilly bewusst, dass sie im Wasser stand. „Ach! Ich habe gar keine Angst mehr vor dem Wasser", freute sich sich.

Sammy und seine Mutter beobachteten die Mädchen, wie sie lachten und zurück zum Strand gingen. Dort bauten sie zu Ehren ihres neuen Freundes eine fantastische Seehundfigur aus Sand. Johanna und Lilly waren sich einig, dass dies die besten Sommerferien aller Zeiten waren – dank Sammys Rettung!